La Joie malgré

DU MÊME AUTEUR

Romans

Le Fils, Oh ! Éditions, 2011 ; Pocket, 2012
Prix Goncourt du premier roman
L'Étoile et la Vieille, Kero, 2013
Jules, etc., Kero, 2015 ; Pocket, 2016
Le Vieux, Calmann-Lévy, 2021

Essais

Histoires de La Borde (en collaboration avec Numa Murard, Claudine Dardy, Georges Préli, Gérard Grass), revue *Recherches*, 1976
Aujourd'hui l'opéra (en collaboration avec Marie-Noël Rio), Éditions Recherches, 1980
L'opéra mort ou vif (en collaboration avec Marie-Noël Rio), Éditions Recherches, coll. « Encres », 1982

Michel
Rostain

La Joie malgré

Roman

CALMANN
LEVY

CALMANN LÉVY
ÉDITEUR DEPUIS 1836

Couverture
Conception graphique : olo éditions
Illustration : © Jul

ISBN 978-2-7021-8599-5

À Martine

I

À l'évidence, dans l'état où est leur fils, il va mourir. Ni le papa ni la maman ne sont capables d'envisager pareille idée, alors ils font comme s'il pouvait y avoir une autre issue. Ils supplient les dieux de la terre et de l'univers tout entier – ils imploreraient le diable si on leur disait que ça peut marcher. Ils lèvent les bras au ciel – vers où les tendre sinon ? Depuis la pièce sans fenêtre où les urgentistes les ont consignés, ils crient – comme si leurs supplications pouvaient passer à travers les murs de l'hôpital.

Lion, ne lâche pas, Lion, ne pars pas !

Quand on les admet auprès de lui, – quand c'est trop tard, sinon on ne les autoriserait pas à accéder à la salle d'opération –, ils restent suspendus à chaque frémissement de ses paupières et de ses lèvres, à chaque mouvement de son corps. S'ils pouvaient ils respireraient pour lui. Mais non, déjà Lion n'entend plus rien, pas même les bafouillis terrorisés du papa et de la maman. C'est une apparence de vie qu'ils supplient.

Inspir, expir, la respiration continue quand même. *Inspir, expir,* la ventilation artificielle maintient en vie la mécanique du corps. Et puis à la fin, *expir,* son dernier élan de vie épuisé et la machine débranchée, le fils a rendu son dernier souffle.

Il est quatre heures quinze de l'après-midi. La pendule des parents s'arrête là.

Après la crémation, les croque-morts remettent aux parents une boîte avec dedans, en guise de fils, ses cendres chaudes. Le papa ne sait alors que bricoler un minable jeu de mots dans un latin de catéchisme resurgi par surprise :

— « *Consummatum es* » ! Mon fils, consumé tu es ! Tout est consumé…

Et puis il part en courant, l'urne brûlante serrée entre ses bras.

Je n'ai pas de mots pour dire… : à l'enterrement du fils, au moment des condoléances, les gens marmonnent tous la même chose, en file indienne et l'air grave. Au courrier, tous les jours, c'est pareil, des messages qui rabâchent *Impossible d'exprimer la douleur qui...*, etc.

Il n'y a plus rien à dire, en effet.

Quand les amis demandent des détails, le papa résume en deux phrases : la veille au soir, le fils était allé à son entraînement hebdomadaire de ping-pong. Le lendemain, il était mort.

Purpura fulminans, selon les médecins, la bombe qui a explosé en lui s'appelle ainsi : méningite foudroyante.

Mon fils, mon fils, mon fils, mon fils... Dans les mois qui suivent la mort du fils, une fois l'inefficace ressort de la supplication définitivement brisé, ne viennent plus au papa que des paroles mécaniques bonnes à rien sauf à lui ! À la longue, ces mots radotés plus ses coups de pied dans le vide ressemblent à une manie.

Mon fils, mon fils, mon fils, mon fils... : misérable ritournelle, cul-de-sac où il se roule en boule.

Que surgisse un fait divers à la télé, la sirène d'une ambulance dans la rue ou une silhouette en baggy et capuche, écouteurs vissés dans les oreilles, et c'est reparti, le papa se noie dans sa musique orpheline, *Mon fils, mon fils, mon fils...*

Quand ses amis le voient radoter ainsi, il fait le malin : *Ne vous inquiétez pas, ce n'est que mon gazouillis…* Les amis s'inquiètent : C'est quoi, ce gazouillis ? Il ricane : *Ce n'est qu'un chagrin CUI CUI CUI et RE-CUIT !*

Ce papa a l'humour nul.

Probablement que tous les papas en deuil ont l'humour nul.

Mon fils, mon fils, mon fils… Le papa suppliait déjà comme ça aux urgences, avant même la mort du fils, quand il espérait encore un miracle. Après son décès, il continue à ruminer, pitoyable derviche-tourneur athée qui supplie dans le vide de son incroyance, comme si cris, prières, ritournelles, invocations, danses et rituels en tous genres pouvaient avoir la moindre efficacité !

La terre a tremblé, explosion, énorme bug, écran noir. Le papa ne s'en remet pas, *Mon fils, mon fils, mon fils, pourquoi m'as-tu abandonné ?* La boussole de ce papa perdu, c'était son fils et il ne le savait pas. Il n'accepte pas son impuissance à le sauver. Si on renifle bien, pue quelque part en lui la pourriture de la culpabilité.

Quelques jours après l'enterrement, la maman trouve au cimetière de Ploaré le papa en pleine marmelade philosophique à déclamer des théories fumeuses bourrées de relents théologico-grammaticaux venus en direct des combats de son enfance, quand les cathos de sa famille maternelle tiraient la gueule aux protestants de sa famille paternelle. Il zigzague entre les tombes en gueulant :

— *Faites gaffe à la façon dont les théologiens scandent les Évangiles car leur ponctuation est vicieuse ! Oui*, gueule-t-il aux morts pétrifiés dans leurs tombes bretonnes, *votre éternité dépend d'une simple virgule ! Si, dans la célèbre phrase que l'Évangile de Luc prête au Christ, la virgule est placée avant « aujourd'hui », c'est qu'elle est catho au nom d'une confiture du genre : « Bon larron, grâce à ta bonne conduite de dernière minute,* ***virgule !****, aujourd'hui je te pardonne pour tous tes péchés. Après le sale moment qu'on va passer côte à côte sur la croix, tu te retrouveras au Paradis avec moi... » Si donc avant de mourir, on a eu confiance en Jésus, en son absolution et en sa virgule catholique, on a gagné ! Par contre, si la virgule est placée après aujourd'hui, elle devient parpaillote : « Bon larron, je te le dis aujourd'hui,* ***virgule !****, tu as de la chance,* ***virgule !****, depuis toujours, une place t'était réservée* *au Paradis. À peine seras-tu mort, on s'y retrouvera,* ***point*** *! » Dieu avait tout décidé d'avance.*

Ce jour-là de sarcasmes, ce pitoyable papa gueule, son doigt furieux d'ancien khâgneux levé :

— *Le texte de l'Évangile était écrit sans ponctuation ! Mon fils est mort, un point c'est tout !*

La maman enlace alors doucement le papa et l'entraîne hors du cimetière en chuchotant à son oreille :

— *Non, il n'y a pas de point final. Notre enfant, on l'a pour toujours.*

Et elle lui chante tout bas une berceuse, celle qu'elle murmurait le soir à leur bébé quand il s'endormait :

Bébouchka, bébouchka, bébouchka maïa
Maïouchka, maïouchka.

Souvent, le papa shoote dans le vide. Il jouait au foot avec son garçon. Quand il y avait match, ils allaient au stade, main dans la main. Depuis que le fils est mort, une rengaine stupide tourne dans sa tête perdue : *Nous n'irons plus au foot…*

De toute façon, l'équipe de Monaco, celle dont le fils enfant était fan, a perdu ses stars de la belle époque – Arsène Wenger, Thierry Henry, Lilian Thuram…

Le papa s'autorise une dérogation à la télévision les soirs de Champions League, quand jouent Liverpool, Ajax ou Manchester City (pour Monaco, c'est pas terrible en ce moment). Il suspend alors son jeûne footballistique, plonge au fond d'une vieille armoire et enfile les chaussettes de compétition du fils quand il faisait partie de l'équipe des minimes à Vincennes. Elles sont trop petites et mitées, ces vieilles chaussettes, mais tant pis ! *En mémoire du fils*, comme il dit, en se calant devant la télé une bière à la main et le son à fond.

La maman déteste le foot. Mais comme le fils et donc ses chaussettes, c'est sacré, elle aussi regarde le match, même si c'est le PSG.

En 1982, quand leur fils était né, la préposée à l'état civil de la mairie du XIIe arrondissement à Paris avait rejeté le prénom qu'ils avaient choisi pour lui. Il n'y avait pas de saint Lion, avait-elle dit. Le nom d'un animal, fût-il roi, avait trop de relents païens. La préposée avait inscrit d'autorité le nouveau-né en tant que *Léon* – un authentique saint, celui-là. Le papa avait dû se rendre au palais de justice pour exciper devant le procureur de la République en personne les précédents qui l'autorisaient à prénommer *Lion* son fils – la carte d'identité de son parrain, Lion M., en premier, et puis l'écrivain Lion Feuchtwanger, et encore Lion Philips – l'oncle de Karl Marx lui-même !... Le haut magistrat s'était marré et la préposée du XIIe arrondissement avait reçu l'ordre de raturer le registre sacré des naissances pour y enregistrer leur *Lion* malgré son prénom impie.

Au cours de ces premiers mois de deuil, la bouche du papa est souvent devenue désert à force de tant pleurer. La première fois qu'il a murmuré, épuisé, qu'il avait affreusement soif, la maman s'est tournée vers lui et lui a donné sa bouche. De ses lèvres, de sa langue, elle a apaisé la brûlure en lui. Une nouvelle source s'est mise alors à couler en eux deux qui craignaient d'être morts.

La maman en deuil ? Elle a mal, très mal au ventre, elle, chaque fois qu'elle repense aux heures qui ont précédé la mort du fils – l'inquiétude de la veille et les mauvais pressentiments devant son mal ; et puis la panique du lendemain matin devant sa fièvre devenue folle, la colère contre l'injoignable médecin de garde et plus de colère encore contre le SAMU quand il avait refusé de se déplacer pour ce qu'il prenait pour une simple fièvre tandis que des taches violettes commençaient à proliférer sur les bras du fils. Quand enfin une ambulance avait débarqué toutes sirènes hurlantes et que l'infirmière des urgences avait lâché *C'est grave, madame, très grave…* le ventre de la maman s'était follement tordu.

Cette douleur, ça marche maintenant dans tous les sens. Tout mal au ventre renverra la maman au fils et aux heures de sa mort. Quand ce film d'horreur la reprend, elle et son ventre, elle ne fait pas comme le papa, elle ne shoote pas dans des ballons ennemis, elle ne marmonne pas *Mon fils, mon fils, mon fils…* Elle ne tourne pas en rond, elle ne lève pas les bras au ciel ni ne profère théories et sarcasmes. Non, elle, elle sort du fond de l'armoire les peluches du fils quand il était bébé et elle serre contre sa poitrine un de ses vieux pandas en lui chantant une berceuse – à tout âge, les pandas et les doudous, ça calme les tempêtes. Elle lui raconte une histoire, celle-là par exemple que Lion aimait entendre et réentendre : « *Tu es venu d'abord sur mon ventre. Puis ton papa t'a posé entre mes seins. Tu agitais tes petites jambes et tes petits bras, tu criais, ton papa pleurait. C'était de joie qu'il pleurait.* »

II

Il n'y avait rien dans les eaux vertes et glacées du lac quand les parents en deuil y avaient dispersé, un an après sa mort, les cendres de leur fils[1], plus rien que leur désespoir et les reflets aveuglants du glacier qui surplombe les berges de ce vieux volcan islandais. À la fin de leur rituel et avant d'abandonner là définitivement les dernières bribes de leur fils Lion, les parents avaient pris des photos – comme s'il était possible de saisir l'invisible de cet instant !

Mais, stupeur, à leur retour en France, quand ils ont regardé les diapos de ce cimetière lointain devenu maintenant un de leurs territoires intimes, apparaissait la tête d'un lion au beau milieu de chacune des photos du lac qu'ils avaient prises ! Le mois dernier, même en larmes, ils l'auraient

1. *Le Fils*, Oh ! Éditions, 2011 ; Pocket, 2012, p. 127.

vue cette crinière si elle avait été là entre deux des eaux vertes où ils venaient de disperser les cendres de leur Lion. Ils se seraient affolés de cette apparition. Ils auraient pris le phénomène pour une hallucination – une image de lion à cet endroit eût été folle, même si après tout on a le droit de délirer en de tels moments ! Eh bien non, un mois plus tard, ils n'ont pas le moindre souvenir d'une imaginaire ou réelle trace de l'animal totem de leur fils dans ce lac. D'où vient alors ce mufle qui figure maintenant indiscutablement sur l'écran de leur iPad !

Les parents ont scruté les photos dans tous les sens. Ils ont envisagé mille hypothèses pour ce qui n'était peut-être qu'une illusion d'optique. Rien n'y a fait. Nul, par la suite, pas même le plus impitoyable rationaliste de leurs amis, n'a trouvé d'explication convaincante pour cette image de félin tapi parmi les growlers à la dérive sur le lac.

La raison tangue devant une telle chimère. C'est aussi une ivresse : les enfants jubilent quand dans un banal dessin de leur livre de contes apparaît à leurs yeux qui n'avaient rien vu jusque-là un loup bien caché tandis que le Petit Chaperon rouge trottine insouciant dans la forêt. Jeu des formes, plaisir du mystère, arrière-mondes secrets, limites que petits et grands adorent frôler. Les parents en deuil ont cédé sans retenue à cette tentation enfantine. Ils ont jubilé comme des gamins à la vue de cette folie de pixels qui veille sur les cendres de leur fils.

III

Ces parents ne sont pas superstitieux. Ni leur culture ni leur tempérament ne les portent à prêter foi à des absurdités. Mais que faire de ces hasards et de ces coïncidences qui pullulent autour d'eux depuis que leur fils est mort, et même peut-être avant ?

En novembre 2003, au tout début de son deuil, un gourou de quatre sous rencontré dans le hall du Théâtre où il avait repris le travail, a balancé à la gueule du papa une interprétation violente de la fatalité : *« Ce n'est pas un hasard si ton fils vient de mourir. Tu l'as bien cherché à force de courir après la mort de spectacle en spectacle ! »*

Et voilà le papa paumé à se demander si ses spectacles n'étaient pas en effet prémonitoires.

Le deuil de l'Argentina, veuve d'un torero[1] tué dans les arènes de Manzanarès, le deuil de madame Lagadec[2] en fureur contre ce Dieu capable de vous enlever votre enfant, l'agonie sur scène de la vieille étoile accordéoniste[3], et aussi l'opéra nô qu'il préparait avec, sur scène, une maman folle de douleur à la recherche du corps de son fils le long de la rivière Sumida[4] : quatre spectacles sur la mort qu'il a montés juste avant que la véritable mort n'explose non plus sur une scène mais dans sa propre vie !

À la sortie d'une répétition, Danièle la Keben[5] l'avait supplié dans le couloir des loges du Théâtre : *« La mort, encore la mort ! Ça va mal finir ! »* Elle avait eu un petit rire ce jour-là, un rire gêné pour cacher son désarroi de voyante qui ne sait pas ce qu'elle pressent mais qui s'en effraie. Le papa avait

---

1. Federico Garcia Lorca/Vicente Pradal, *Llanto por Ignacio Sánchez Mejías*.

2. Paol Keineg, *Dieu et Madame Lagadec*, Éditions du Scorff, 2001.

3. Yvette Horner/Pascal Contet, *Double jeu* ; cf. Michel Rostain, *L'Étoile et la Vieille*, Kero, 2013.

4. *Sumidagawa* de Motomasa Kanze, poète japonais du XVe siècle qu'adaptera Susumu Yoshida pour la scène lyrique.

5. La Keben : la sorcière ; cf. Michel Rostain, *Le Vieux*, Éditions Calmann-Lévy, 2021.

ri lui aussi, mais c'était parce qu'il ne croyait pas à ce genre de radotages. Il avait haussé les épaules et avait répondu à la vieille : *« Tu sais bien que la mort, c'est toujours brûlant… »* Le sentencieux ne savait rien de l'infinie brûlure qui l'attendait.

Et si Danièle avait eu raison – et même le gourou de merde ? Et si en effet le papa avait été aveugle aux obsessions mortifères qui l'habitaient de spectacle en spectacle ?

Les regrets éternels se nourrissent de ce genre de culpabilité.

Après la mort de Lion, s'est mise à tourner furieuse dans la tête du papa une affreuse bouillie de vers sortis de ces œuvres qu'il venait de mettre en scène :

Comenzaron los sones del bordón a las cinco de la tarde[1],
Lion est mort dans l'après-midi, comme Ignacio,
Eran las cinco en sombra de la tarde[2],
Peu avant cinq heures l'enfant a rendu son dernier soupir,

---

1. La traduction du *Llanto por Ignacio Sánchez Mejías* de Federico Garcia Lorca reproduite en note est celle de Claire et Vicente Pradal pour le livret de l'enregistrement de cet oratorio (musique Vicente Pradal/mise en scène : Michel Rostain), EMI – Virgin Classics, 2005. « Le glas a commencé à sonner à cinq heures de l'après-midi. »

2. « Il était cinq sombres heures de l'après-midi. »

Cet enfant, c'est le mien, Je veux le voir Please, God,
dear God, sweet God[1]*,*
Une toute petite seconde, Dieu,
La douleur est trop forte pour prier
Yo canto su elegancia con palabras que gimen[2]*,*
Mes mots pleurent, et pas un seul jour je ne me séparerai
de ma douleur.
Connard ! Connard de Dieu qui prend les enfants !

Les frontières de la scène et de la réalité avaient sauté.

---

1. Paol Keineg, *Dieu et Madame Lagadec*, Éditions du Scorff, 2001.
2. « Je chante son élégance avec des mots qui pleurent. »

Un soir de dérive, le papa en deuil a joué au loto. Obstinément, désespérément, il a interrogé le sort avec la date de naissance de son fils – 19 avril 1982. Il a pieusement coché sur la grille le 19, le 4 et le 28 – un 82 inversé en 28 puisque la grille du loto s'arrête à 49. Il a choisi le 38 puisque 19 + 19 égale 38 selon une logique aussi obscure qu'irréfutable. Il a encore opté pour le 1 du 19. Et comme la grille voulait qu'il élise une case de plus, il a visé le 21 – l'âge de Lion au moment de sa mort.

Au tirage, ni le 19 n'était sorti, ni le 21, ni le 4 d'avril, ni le 28, ni rien de rien.

Rien n'avait marché.

C'était bien la preuve… !

La preuve de quoi, au fait ?

IV

La chance de ce papa qui s'embourbait dans les marécages du doute, ce furent d'abord ses amis, les incroyables équipages de Douarnenistes et de Quimpérois qui l'entouraient, sans oublier la *dream team* du Théâtre. Des cadeaux du ciel, dit-il encore.

Quand il a osé avouer à Giloup sa misérable tentative à la loterie, son ami marin a éclaté de rire et lui a suggéré de changer de stratégie : *« Au lieu de t'intéresser aux mauvais signes, cherche les bons ! »*

Le papa date de cette invitation à la crédulité l'éveil de son appétence pour les coïncidences, visions, rencontres et autres hasards qui allaient devenir sa méthode de survie au deuil. Finies les tentations de l'échec ! Les mystères, s'il savait y prêter attention, allaient désormais jouer un rôle essentiel dans le cours de sa nouvelle vie.

Volontarisme et conduites magiques ? « *Vous avez peut-être raison* », vous dirait le papa.

Il vous demanderait ensuite, provocateur : « *Et alors ?* »

Le papa et la maman avaient depuis longtemps le théâtre et la musique pour écoles.

Sur scène, il est interdit de dire non à la perche qui vous est tendue, d'où qu'elle vienne – partenaire, accessoire, enchaînement harmonique, cellule rythmique, vision intérieure ou accident. Sur scène, un artiste suspend ses habitudes et accueille sans réserve chaque événement aussi incroyable soit-il et même s'il y a de quoi trembler de surprise ou d'effroi lorsqu'il survient. Prendre l'imprévu comme il vient, veiller à ne pas rompre la trame naissante et construire la suite.

Pareil désormais dans la vie des parents en deuil ! De *signe* en *signe*, de vision en vision, de rencontre en association d'idées, ils allaient échapper aux tentations du dolorisme en associant leur expérience artistique au fatras des techniques mâtinées de surréalisme, de freudisme et autres *ismes* venus du siècle dernier. Ils joueraient dans la vie comme ils faisaient sur scène, avec les mots, les objets et les images.

Les voilà à célébrer des hasards qui, décrètent-ils, n'en sont pas. Un rien devient prétexte à joie – un nuage en forme de félin, un reportage à la télé sur les grands fauves, une terre cuite de quatre sous dans un bistrot, une tête de lion tatouée sur le dos d'un athlète, un marteau de porte à gueule de félin…

Un rien, vous dis-je.

Le matin du 25 octobre 2005, tout juste deux ans après la mort de Lion, ils ont entendu une chanson de Björk sur l'antenne de France Bleu. « Cocoon »[1] surgi à la radio en ce jour anniversaire, ils ne pouvaient pas prendre ça comme un pur hasard ! Impossible, disait leur nouvelle religion de la crédulité, c'est impossible puisque leur Lion adulait Björk ! Ils ont donc décidé de croire que ces ondes étaient magiques : quelque chose de Lion leur faisait signe. Ils ont retraduit la chanson de Björk à leur sauce volontariste et chanté à cœur perdu :

Who would have known that a boy like him
Qui aurait pu croire qu'un garçon comme lui

1. « Cocoon », *Vespertine*, Björk et Thomas Knak, Kobalt Music Publishing France/ Wellhart Ltd, 2001.

After sharing my core would stay going nowhere
Après avoir été l'essentiel de ma vie ne serait maintenant plus nulle part

Qui pourrait croire en effet que ce garçon qui avait été au cœur de leurs vies pourrait ne plus jamais y revenir ?

À ces jeux-là, frissons garantis.

Une image de lion dans les reflets du lac volcanique où ils avaient dispersé les cendres de leur fils Lion, déjà, ce n'était pas banal. Alors quand, six ans plus tard, ce même volcan islandais est entré en éruption, cette histoire de cendres est devenue énorme.

En 2004, mille hasards avaient conduit les parents en deuil sur les flancs de l'Eyjafjallajökull. Ils n'avaient pas un instant supposé que ce volcan pourrait se réveiller et que la terre entière en découvrirait bientôt l'imprononçable nom : « Ei-ia-fja-tla-joe-kutell ». Alors que la ritournelle vertigineuse de ces six syllabes chantait depuis longtemps en eux comme un territoire intime, les chaînes de télé du monde entier se sont mises le 11 janvier 2010 à les bafouiller tandis que les cendres de Lion se mêlaient aux torrents de soufre et de lave que crachait le volcan dans le ciel de l'Europe entière !

Ça, un hasard ? Forcément, non ! Les parents ont dansé de joie sur la terrasse de leur maison arlésienne, à trois mille kilomètres de l'Islande. Les bras levés vers le ciel, ils ont fait de grands signes aux cendres de leur fils qui passaient par magie mêlées à celles du volcan tout en paralysant le trafic aérien.

À l'évidence, d'énormes forces accompagnaient leur deuil !

Qui pourrait leur reprocher cette joie folle devant pareil spectacle avec laves incandescentes, nuages stratosphériques et traces palpitantes de la chair de leur chair ?

Elles étaient excitantes ces taffes de jeu, ces bouffées d'illusions au cœur desquelles ils se racontaient que quelque chose de leur fils mort passait quand même dans leurs vies.

Voilà ces parents devenus d'étranges animistes nourris de souffles de vie tellurique, de mirages et de joies.

De tels signes ne ressuscitaient jamais en eux d'affreux souvenirs de deuil. Au contraire, ils découvraient avec ces hasards et ces coïncidences, de singulières magies où, entre raison perdue et vitales énergies, la chimère pouvait devenir présence et le frisson antidote au deuil.

Un nouveau déluge de coïncidences les a bénis lorsqu'a été programmé Radiohead aux arènes de Nîmes – un groupe de musique pop que Lion aimait à l'égal de Björk et de Noir Désir.

Une bénédiction, c'est le mot qui leur est venu.

Le dernier concert de Radiohead auquel Lion ait assisté de son vivant avait eu lieu à Nîmes en août 2003, quelques semaines avant sa mort. Six ans plus tard, le groupe de rock britannique est revenu jouer dans les arènes, au moment même où les parents déménageaient de Quimper à Arles, tout près de Nîmes. Ils ont évidemment pris deux billets pour ce concert avec autant de ferveur que s'ils s'inscrivaient pour un pèlerinage.

Le soir du spectacle, ils ont mêlé leurs vieilles têtes aux milliers de jeunes tignasses qui s'entassaient dans l'amphithéâtre romain. Lorsque s'est déclenchée une gigantesque *ola*, ils ont levé haut leurs bras à l'unisson des vagues qui déferlaient de gradins en gradins – eux, c'est bien sûr vers le ciel qu'ils lançaient leurs bras car, même incroyant, c'est toujours vers le ciel qu'on regarde quand on pense aux morts. Pendant le concert, ils ont chanté avec Thom Yorke *Please could you stop the noise i'm trying to get some rest*, *S'il vous plaît, arrêtez le vacarme, j'essaie de me reposer*, exactement comme ils faisaient à tue-tête vingt ans plus tôt dans la voiture avec leur fils ado sur la route des vacances. Ils ont frissonné avec *Wake from your sleep*, *Réveillez-vous de votre sommeil*, et puis avec *Today, we escape*, *Aujourd'hui, on se barre* ! Envoûtés par la musique, les paroles et les circonstances, ils ont professé *Now we are one in everlasting peace*, *Maintenant nous ne sommes plus qu'un dans une paix sans fin*. Un tourbillon d'émotions les traversait.

Béatitude à coups d'évidences sans queue ni tête. Douceurs bienvenues, même affreuses.

Si près de tant de traces de leur fils, les parents en deuil étaient ivres de joie.

Leur vertige a redoublé quand ils ont soudain aperçu Lion M., le parrain de leur fils, là en personne au milieu de dix mille jeunes. Le grand Lion était venu aux arènes de Nîmes pour ce groupe qu'il admirait lui aussi. Sa silhouette était noyée dans la foule, à bien soixante mètres des parents, et pourtant ils l'ont vue ! Incroyable, bouleversant surgissement d'un être aimé.

Encore une apparition magique !

Les parents ont éperdument tendu leurs bras vers lui – comme s'il y avait la moindre chance qu'il distingue leurs vieilles carcasses parmi les milliers de jeunes bras levés au rythme de la musique.

Lion, tu es là, Nous sommes là, Lion, notre grand Lion, te rends-tu compte de ce qui se passe, Radiohead plus toi dans ces arènes où ton filleul était lui aussi voici six ans ?

Il est là, encore là, ad hanc horam… ! bafouillait le papa, latiniste en pleurs et en joie aux côtés de la maman bouleversée et de dix mille briquets allumés en extase.

Le miracle s'est accompli : le grand Lion a invraisemblablement discerné la silhouette chavirée des deux vieux ivres de coïncidences au milieu de l'immense foule ivre de rock.

Contact, il y a eu contact !

Ce soir-là, d'implacables aimants avaient réuni Lion, ses parents, son parrain, Thom Yorke, la foule et les dieux eux-mêmes. Et tous chantaient en transes hallucinées : *Breathe, keep breathing, Respirez, continuez à respirer* !

Un autre télescopage de connexions folles est tombé un peu plus tard sur le papa, quand une mère de famille lui a demandé de dédicacer un de ses romans[1] à l'intention de Maricke, sa fille. Cette dernière, lui apprit-elle, avait été la dernière partenaire de ping-pong de Lion quelques heures à peine avant qu'il ne meure. Le papa ne savait rien de l'ultime soirée de son fils à Quimper en octobre 2003. Émotion donc, forcément. Mais ce n'est pas tout. La maman avait ajouté : *« Ma fille travaille maintenant à Nîmes, au n° 1 de la rue Racine, tout près de chez vous qui habitez à Arles maintenant. »*

1, rue Racine à Nîmes ? La coïncidence était stupéfiante : Maricke travaillait aujourd'hui à l'adresse exacte où, un siècle plus tôt, habitait

1. Michel Rostain, *Jules, etc.*, Éditions Kero, 2015.

Jules R., ce lointain ancêtre que le papa en deuil avait transformé en personnage dans le roman qu'il était en train de dédicacer !

Difficile de ne pas délirer devant tant de coïncidences !

Comme si un fil secret avait conduit Maricke à Nîmes, à mille kilomètres de sa Bretagne natale et cent cinquante ans en arrière, jusqu'au domicile gardois de Jules R., l'arrière-arrière-grand-oncle de Lion !

Vertige.

V

Scordatura, scordatura
Me voilà
L'instrument désaccordé, c'est moi.

Désaccordée, ça oui, la maman l'était. Le fils était mort la semaine dernière, le deuil avait gagné et ça, ce serait désormais du présent éternel.

Scordatura, scordatura

La maman est descendue à l'avant-scène pour chanter, devant le rideau que Jean-Pierre avait tendu pour elle, des mots qu'elle empruntait, bricolés, à Nancy Huston[1] :

---

1. Nancy Huston, *Instruments des ténèbres*, Actes Sud, 1996.

Scordatura,
Me voilà.
L'instrument désaccordé, c'est moi.
Scordatura, scordatura

Il était prévu depuis bien avant la mort du fils que le spectacle commencerait par ces mots et que ce serait la maman qui les chanterait.

Scordatura,
L'instrument désaccordé, c'est moi.

Le 25 octobre, quelques jours avant la première du spectacle, Lion était mort.

Scordatura, scordatura

La mort, c'est le contraire de la création, la mort c'est hors scène. Mais la maman n'a rien voulu changer, ni aux dates de la tournée ni aux mots du spectacle.

Scordatura, scordatura

Elle n'était pas sûre de pouvoir chanter, mais il le lui fallait. Alors, elle est allée à l'avant-scène, tout près des spectateurs et elle a dit :

Scordatura,
Me voilà.
L'instrument désaccordé, c'est moi.

C'était la vérité, des mots exacts pour décrire ce qu'elle était maintenant, *scordatura*, un instrument désaccordé – des mots invraisemblablement écrits voici des années par Nancy Huston et qu'en plus elle avait elle-même choisis bien avant la mort de son fils.

Une coïncidence encore ?

Elle a regardé le public et a dit :

Ceci est une histoire vraie, je vous le jure,
l'instrument désaccordé, c'est moi.

Et elle a continué. *The show must go on.*

Une des chances qu'ont eues ces parents en deuil, ce furent les spectacles. Après la mort de leur enfant, nul ne leur aurait reproché d'annuler leurs contrats. Ils ont fait le contraire, sans hésitation. *« The show must go on, et nos vies avec. »* Chacun de leurs engagements artistiques est devenu un point d'appui : « La Désaccordée », « Chansons de femme », « Sextet, musique guerre et paix », « Voix de Babel », « Zaïde(s) », « Sumidagawa », « Le Château des Carpathes », etc. Ils ont foncé à corps perdu à travers les partitions et les textes. Puisque la mort de leur jeune fils avait quelque chose d'invraisemblable, alors oui, ils continueraient à fréquenter l'invraisemblable, aux frontières de l'art et de la vie.

En 1999, quatre ans avant la mort de Lion, quatre ans avant que cette histoire ne devienne aussi la sienne, le papa s'était engagé à travailler à la mise en scène d'un projet du grand compositeur japonais Susumu Yoshida : un opéra nô sur la mort d'un enfant.

En 2003, après la mort de Lion, tout poussait à ce que le papa abandonne ce projet. Personne ne lui aurait reproché de renoncer à mettre en scène cet opéra sur la mort d'un enfant. Susumu Yoshida lui-même le lui a proposé. Mais non, *the show had to go on*, le spectacle devait continuer !

Allait alors commencer en 2007 un voyage insensé sur le plateau des répétitions. Le papa ne savait pas où il allait mais la terrifiante coïncidence des événements lui commandait de s'y rendre. Cet opéra nô avec une maman folle de douleur, il l'avait commandité, il l'avait voulu. D'irrésistibles démons l'avaient poussé au télescopage explosif de sa vie artistique avec sa vie intime, à la poursuite de deux fantômes d'enfants morts, l'Umewakamaru de l'opéra et son fils Lion.

Le fantôme, au théâtre, c'est comme une question de cours : Eschyle, Shakespeare, Molière, Maeterlinck, etc., l'histoire entière du théâtre est pleine de fantômes et l'histoire de la mise en scène est riche en réponses – réalistes, symboliques, oniriques, avec de simples jeux de scène ou au contraire avec des trucages vertigineux, des effets lumière ou son, etc.

Les interprètes de l'opéra de Yoshida avaient besoin de savoir comment on allait résoudre ici ce problème de fantôme. Mais ce papa qui confondait le personnel et le professionnel, son propre deuil et l'artistique, l'intime et le public, était incapable de leur donner quelque indication ferme que ce soit. À force de mélanger les fantômes, celui du nô et celui de son fils, le misérable metteur en scène qu'il risquait de devenir menaçait de précipiter le spectacle dans une impasse.

« Faire confiance au théâtre, faire confiance au théâtre, faire confiance ! » Faute d'autre certitude, il répétait ces mots. Il faisait avancer cahin-caha les répétitions à coups d'entraînements techniques, de jeux et d'improvisations vers une issue qu'il n'arrivait pas à envisager, empêtré comme il l'était entre théâtre rêvé et ombre intime. Il s'obstinait : *« Continuons, on va forcément le trouver cet enfant mort, il va nous venir... »* Il parlait d'un fils, Umewakamaru, l'enfant mort de l'opéra, mais il était hanté par un autre fils, le sien. Quand il suppliait les artistes de faire confiance au théâtre, il se suppliait lui-même. *« Continuons, improvisons... ! »*

Et pas question de faire semblant, pas question de mentir en fabriquant une apparition truquée de fils mort. Le papa et le metteur en scène couraient follement après le vrai, l'impossible vrai, le vrai qui ne se décide pas.

Ils déliraient.

Il délirait.

Et pourtant, l'invraisemblable vrai est venu sur leur scène !

Le nô d'origine voulait que le fantôme d'Umewakamaru apparaisse. Et comme la géniale partition de Susumu Yoshida rendait possible l'élan d'une improvisation, le fils mort est incontestablement venu chanter sur scène : Armando le baryton s'est laissé posséder par Umewakamaru, tandis que Karen la soprano, la formidable interprète de la mère folle de douleur, chantait que oui, elle entendait bien son fils.

Un instant stupéfiant. Inouï. Écrasant. Foudroyant !

Du vrai s'imposait sur la scène.

L'impossible avait lieu !

La mère folle de douleur a-t-elle réellement vu son fils mort ? Le metteur en scène a-t-il réellement vu ce fantôme ? Ces questions n'ont pas de sens : une réalité de théâtre, c'est une authentique réalité. Tous dans la salle ou sur le plateau ont réellement vu et entendu le fantôme de l'enfant mort. Pas seulement les délires du papa, pas seulement l'impro du baryton et de la soprano, tous dans l'équipe des répétitions, – Marie, Thierry, Claude, Stéphanie, Chantal, Jean-Pierre, André, Didier, Olivier, Patrice, Hedy, et par la suite les spectateurs –, tous ont accueilli le fantôme de l'enfant mort !

VI

Souvent, quand les enfants meurent, les parents meurent aussi. Un monde s'effondre, rien ne semble plus possible à vivre et encore moins à reconstruire. On se retrouve seul. S'en suivent séparations, divorces ou pire.

Les parents de Lion ne sont pas morts. Leurs anciennes harmonies étaient totalement distordues mais en se mettant à jouer dans la vie comme au théâtre, ils ont trouvé de nouvelles forces pour s'accorder. Entre deux plongées sur scène, ils se sont enchantés à la rencontre de mille figures de lion quelle qu'en soit la forme – statue, emblème, film ou photographie. Ils ont fait désormais comme si ces images venaient tout exprès sur leur chemin.

Des lions, il y en a partout. Ils scandent l'espace quotidien des villes, des musées et des jardins publics. On en trouve sur les armoiries des rois, dans les magazines, les agences de voyages, sur les timbres et même sur les heurtoirs en métal des vieilles demeures. Au lieu de prendre ces apparitions de pierre, de bronze ou de papier comme de tristes évocations de leur fils mort, les parents les ont accueillies comme des clins d'œil qu'il leur ferait.

Joie !

Ils s'affichaient toujours matérialistes. Ils étaient convaincus qu'après la mort, y compris la mort d'un fils, il n'y a rien. Ils ne se consolaient pas en croyant au ciel, à la vie éternelle, à la résurrection des morts et pas plus aux fantômes – sauf bien sûr au Théâtre. Cultes, messes, tables tournantes, ectoplasmes ou superstitions : ce n'était pas leur genre. Le papa respectait profondément la science, la génétique, l'épigénétique, la dopamine et autres neurotransmetteurs. Mais qu'une image de lion vienne à surgir et alors la folie des visions le reprenait. Pas moyen d'y résister, et tant pis pour la cohérence ! Pareil pour la maman. Ils décidaient tous deux, sans même se consulter, que la silhouette de cette statue sur leur chemin, l'effigie peinte d'un fauve sur ce portail, l'enseigne du restaurant où ils entraient et même le plastique bas de gamme d'un jouet aperçu dans une vitrine, était là *comme* tout exprès à leur intention. Attention : ils ne prenaient jamais ces rencontres pour des indices d'une existence surnaturelle de Lion quelque part entre éther et ciel. Cette présence qu'ils inventaient, ce n'était pas le moins du monde une preuve.

Alors, c'était quoi, ces emballements ?

Non pas la joie d'une illusion, mais la présence d'une joie.

Lorsque, les parents ont quitté Douarnenez pour Arles et qu'à la sortie de la gare provençale ils ont vu devant eux deux lions de pierre chacun la patte avant gauche posée sur les armoiries de la ville où ils allaient vivre, ils se sont raconté que ces lions étaient là pour les accueillir. Et si, sur l'autre rive du fleuve, tout près de leur nouvelle maison, se trouvaient encore deux statues de lions, jumelles de celles de la gare, ce fut encore pour eux une preuve que, dans ce quartier à la pointe de la Camargue, ils seraient les bienvenus.

D'un clic avide de son iPhone, le papa a photographié ces lions de pierre pour ajouter leur image au nombre déjà conséquent de leurs *« léophanies »*, les photos des lions en tous genres qu'ils avaient aimé croiser sur leur chemin. Des signes qui ne voulaient rien dire mais qui ne cessaient de leur parler.

Léophanies ? Quelle appellation ridicule ! La pendule de ce papa sans foi mais aux forts relents d'enfance chrétienne et latiniste marche souvent avec ce genre de fadaises.

Entre jeux d'artistes, gamineries et petits délires, le duo du papa et de la maman en deuil s'est réinventé à coups d'émotions, de visions et d'improvisations. Ils savaient parfaitement que Lion ne leur répondrait pas s'ils l'appelaient – et pour cause, il était mort ! Leur subterfuge, c'était de s'inventer des contournements du mur de l'impossible et de se surprendre ainsi à *presque* rencontrer leur fils sans autre certitude que l'évidence d'un enchantement totalement improvisé. Ils ne forçaient jamais rien, tout reposait sur l'inattendu et sur l'élan rusé du jeu. Dans le *comme* et dans le *soi-disant.*

Joies d'un peu de théâtre et de grandes bouffées de vie.

Si vous doutez de la santé mentale de ces parents qui croyaient dur comme fer en leurs jeux, demandez donc aux écoliers si ce sont bien des extraterrestres, des sorcières ou des super-héros qui leur courent après dans la cour de récréation ! Croire, c'était – sans surtout s'y appliquer – vouloir croire.

À force d'interprétations, de rencontres et autres coïncidences abusives, le papa en deuil s'est souvent retrouvé à flirter avec un arrière-fond mystique. Il avait beau prétendre qu'il n'y avait pas la moindre illusion transcendantale derrière ses inclinations et proclamer au passage qu'on ferait mieux de réhabiliter le sacré et le mystère au lieu d'abandonner ce terrain aux religions, on ne le croyait pas. Quand on s'est moqué de lui – *« Les mystiques athées ? Ce sont les pires ! »* –, il s'est braqué. Quoi ? Lui, un mystificateur ? Ah, ça non ! Sur scène, les artistes ne bidonnent pas quand ils improvisent des visions. Eh bien, c'était pareil dans sa vie ! Avant la mort de son fils, il avait eu la chance de suivre un entraînement intensif sur la scène – et la maman encore plus, elle dont la compétence musicale et les dons artistiques étaient bien plus grands que les siens. Ils en étaient convaincus, leurs vies d'artistes les avaient préparés à jouer avec les mystères de la vie malgré la mort de leur fils et peut-être même plus encore après cette mort. Rien à voir avec des tours de passe-passe !

Un des psychiatres qui les suivaient à cette époque leur a déclaré qu'était pathologique ce genre d'illusions où ils associaient un stimulus – image, mot ou symbole – à leur fils défunt. Des *paréidolies*, avait-il pontifié. Les parents en deuil se sont débattus contre le pédant : pas du tout, ils ne déliraient pas avec leurs lions de pierre ou de papier ! Ils lui avaient répondu à coups de bricolages esthético-théoriques sans queue claire ni tête certaine : bien sûr la mort de leur fils n'avait aucun sens, mais ils respectaient les forces mystérieuses grâce auxquelles ils pouvaient accéder à des moments de joie.

Ce psy avait certes de bonnes raisons de ne pas faire crédit à leurs dénégations, mais il passait à côté d'une chose essentielle : délire ou théâtre, ces rencontres imaginaires accompagnées de théories fumeuses nourrissaient des moments féconds. Alors quelle importance si, au lieu de s'apitoyer sur eux-mêmes, les parents en deuil se permettaient, eux qui ne croyaient ni aux fantômes ni au retour des défunts, de forcer les faits et de divaguer, de se préférer en illuminés plutôt qu'en raisonnables et de jouer avec leurs *léophanies* au lieu de se soumettre aux savantes *paréidolies* de la faculté ?

Elle était étrange, l'ivresse de ces parents. Du deuil, on ne rapporte d'habitude que l'horreur et la tristesse infinies. Eux, entre naïveté et raison crispée, ils célébraient les joies qu'ils y rencontraient *malgré* tout – peut-être auraient-ils même osé dire *grâce* à lui !

VII

Il arrivait que surviennent de sérieux rappels à l'ordre de la souffrance. C'était toujours inattendu.

L'exemple le plus frappant dont se souvienne le papa, c'est quand la douleur l'avait brutalement rattrapé sur la route qui le ramenait chez lui moins d'une heure après le miracle des répétitions de *Sumidagawa* et des joies pataphysico-théâtrales qui l'y avaient submergé.

Brusquement, le papa avait réalisé dans sa voiture que, chez lui, à son domicile de Douarnenez, il ne retrouverait pas l'enfant qu'il venait de voir, de ses yeux voir, sur la scène de leurs répétitions. Les fils morts, il savait les faire revenir au théâtre, mais pas à la maison !

Atterrissage brutal.

Dévarié devant l'implacable évidence de son deuil, il avait stoppé sa voiture en catastrophe au niveau de la discothèque du Juch *(dévarié*, comme on disait pour quelqu'un de paumé dans le lycée de son adolescence. *Dévarié*, c'est ce mot qui lui est venu pour ce moment de total désespoir). Tandis qu'il sanglotait comme aux premiers jours de son deuil, un immense avion des années cinquante invraisemblablement planté là, en plein champ, le narguait, échoué comme lui devant le moulin de carton-pâte qui gardait l'entrée de la discothèque.

Le papa en deuil aura pleuré deux fois ce jour-là : une première fois, au Théâtre, et c'était de joie à cause d'un fantôme. Et une seconde fois, une heure plus tard, devant son propre mort, son fils sans fantôme.

Il n'a jamais raconté à personne, pas même à la maman, cette douleur qui l'avait pris à contre-pied sur la route de Douarnenez.

Lors d'une de leurs venues au cimetière de Ploaré à Douarnenez, les parents ont trouvé la tombe de Lion grande ouverte. *« Merde, il s'est barré ! »* s'est aigrement écrié le papa devant cette pierre tombale fracturée d'où sourdait un gouffre d'ombre et de mort.

Voici quinze ans, les parents en deuil avaient fait recouvrir la tombe de Lion d'une fine couche de ciment de préférence à la lourde dalle de marbre qu'on met là d'habitude. Ils n'avaient ajouté dessus qu'une discrète plaque de granit, soixante centimètres sur dix, gravée au nom du fils. Ni pompes ni chichi !

En fait, ils avaient enterré Lion le moins possible.

Les années suivantes, ils avaient ajouté sur cette dalle les dizaines de cailloux, galets, granulats, laves, fossiles et autres rocailles qu'au fil de leurs tournées ils glanaient tout exprès pour elle. Ces minuscules pierres comme des pensées pour le fils et sa tombe. Résultat : la semelle de ciment s'était effondrée sous le poids de quinze ans de petits gestes pieux accumulés et la tombe s'était grande ouverte.

À l'époque où lui venaient à profusion les visions magiques, les coïncidences et leurs grâces, le papa aurait certainement déliré devant ce tremblement de tombe. Mais maintenant, la magie des visions se faisait rare. Même les squares étaient moins peuplés de félidés et le papa n'était plus capable devant ce désastre hors du commun que d'un médiocre *« Merde, il s'est barré ! »*.

Un autre matin, quand il a vu une photo du Lion de Cnide jaillir comme à son intention d'un dépliant publicitaire du British Museum qui traînait sur la table du breakfast de son hôtel londonien, le papa en deuil a voulu croire que son fils venait de lui donner rendez-vous. Il a sauté aussitôt dans un taxi avec l'espoir d'une nouvelle rencontre magique.

À peine entré dans le hall du musée et tout à sa démangeaison volontariste, le papa a cru voir la colossale statue de pierre remuer de la queue pour l'accueillir – à ses yeux, il n'y avait rien d'impossible à ce genre de magie. Mais comme il tenait à rester honnête envers lui-même, le papa s'est avoué qu'après tout il n'y avait rien de certain : le groupe de lycéens massés devant l'antique animal pour une photo de classe empêchait de voir l'arrière-train de la sculpture. Peut-être qu'en plus, remuer de la queue dans un temple de la culture mondiale, ça ne se fait pas, même pour un lion bimillénaire. Ce papa, qu'un coup de folie matinale avait fait rêver, a donc renoncé à croire que le Lion de Cnide lui avait donné rendez-vous. À moins que le message subliminal qu'il avait reçu ne lui soit venu d'un autre des lions de pierre qu'abrite le célèbre musée. Le papa s'est alors hasardé plus loin à l'affût de cette rencontre dont il avait tant besoin.

Avant de quitter le hall d'accueil et de se diriger vers les salles, le papa s'est toutefois attardé à reluquer un instant la silhouette d'une des jeunes filles qui posaient devant le Lion de Cnide sous prétexte qu'un lion doré, sa patte avant droite fièrement dressée vers l'avenir, était cousu sur sa poche de poitrine. Ce n'était que l'insigne de son collège, mais qu'il était beau à regarder, ce lion posé là ! Un bref jeton, pas plus, promis, juste une faiblesse pour la joie de ses yeux. Et puis, le papa se trouvait une excuse béton : un lion, où qu'il soit, même sur un sein, c'était obligé qu'il s'y attarde, n'est-ce pas ?

Il a filé ensuite vers les antiquités égyptiennes – le guide acheté à l'entrée disait qu'il fallait se rendre dans la salle n° 4 pour y rencontrer les célèbres statues de granit rose d'Amenhotep III. Les deux lions étaient là en effet, magnifiques, sereins et sauvages. Mais c'étaient des lions silencieux pour l'éternité. Ils n'avaient rien à dire au papa, quoi qu'il ait espéré.

Les hasards, ça vient si ça veut.

Quand Bertrand Cantat est venu chanter au théâtre antique d'Arles en août 2014, rien non plus ne s'est produit, ni coïncidence ni prodige. Les parents avaient pris des billets avec l'espoir d'y retrouver le plaisir qu'ils avaient connu en écoutant les CD de Noir Désir en compagnie de leur ado de Lion dans les années quatre-vingt-dix. Ils espéraient aussi confusément qu'après Radiohead, après le parrain de Lion, après Mariecke et tant d'autres hasards magnifiques, une nouvelle rencontre magique allait se produire.

Mais non, rien d'heureux n'est venu ce soir-là. Seule a rodé dans l'amphithéâtre arlésien l'ombre de Marie Trintignant, tandis que revenaient affreusement en mémoire aux parents les théories complotistes que Lion avait préféré croire plutôt que d'admettre que son idole pouvait avoir tué sa compagne.

Rien n'a vibré pour eux au théâtre antique, ni hasard ni signe, pas même la caresse sonore d'un des tubes qu'ils chantaient à tue-tête avec Lion vingt ans plus tôt.

À la sortie du concert, tandis qu'ils traversaient le pont de Trinquetaille la main dans la main, la maman fredonnait quand même quatre notes en boucle, Do, si, la, fa, Do, si, la, fa, Do… – la basse obstinée d'un des refrains de Noir Désir, *Ghosts are waiting for you, They're waiting for you, Tes fantômes t'attendent, ils t'attendent…*

La maman n'a pas autant besoin des coïncidences que le papa : le trésor qu'elle invente quotidiennement reste tout près d'elle comme les fantômes de cette chanson, *They're waiting for you.*

Le papa ramait, lui. Il aurait tant aimé que lui vienne un signe ! Panne de dopamine, crédulité hors service, éclipse de coïncidences. Peut-être qu'avec l'âge ses capacités d'émerveillement s'épuisaient.

D'horribles sarcasmes sont venus hanter le papa à cette époque.

Et si son fils Lion était devenu dealer ? Ou camé ?

Et s'il s'était retrouvé à zoner dans la jungle d'une friche ?

Et s'il s'était barré en Syrie avec Daesh ?

Et s'il en était venu à vénérer Trump, Poutine et autres horreurs ?

Et s'il s'était suicidé ?

Ce serait quoi le pire : un fils toxico, un fils facho, un fils clodo, un fils psycho ou un fils mort ?

Il est arrivé au papa en deuil de ruminer ces horreurs. Il divaguait sur les berges du Rhône en shootant dans le vide et en retrouvant ses vieux tics, *Mon fils, mon fils, mon fils…*

Quand elle le voyait dans cet état, la maman se serrait contre lui et soufflait à son oreille la chansonnette qu'elle avait inventée pour leur fils voici vingt ans, au sortir d'un de ses récitals Moussorgski :

Bébouchka, bébouchka, bébouchka maïa
Maïouchka, maïouchka

Ces bribes d'enfance, ça marchait à tous les coups. Le papa s'apaisait.

À l'occasion de la publication à Oslo de la traduction[1] de son livre *Le Fils*, une organisation littéraire norvégienne a proposé en 2012 au papa une tournée de conférences depuis Stavanger au sud du pays jusqu'à Tromsø, tout à fait au nord. Le papa a commencé par décliner l'invitation. Il y avait de l'orgueil dans sa posture, comme si l'on ne devait lire *Le Fils* qu'au seul travers de ses émotions de lecteur. Comme si sa présence physique sur scène risquait d'effacer le miracle littéraire qui l'avait débordé en lui soufflant que son fils mort devait devenir le narrateur du deuil de ses parents. *« À ce moment, une grâce m'avait rendu écrivain. Elle a instauré la bonne distance entre moi*

1. *Sønnen*, traduction de Gøril Eldøen, Pax Forlag, 2012.

et moi, entre mon deuil intime et le récit de ce deuil. Mon "je" s'était tu. »

Il n'y avait pas que de grands principes dans les réserves du papa. S'y mêlaient aussi de la pudeur et de la gêne. Il se savait incapable d'évoquer les heures qui avaient précédé la mort de son fils sans pleurer. Il redoutait aussi d'avoir l'air de faire des manières à force de refuser de parler simplement de ses douleurs de papa en deuil. Il savait par ailleurs qu'il aurait malgré lui la banane quand on évoquerait le succès international de son livre.

Alors, non, pas question de se ridiculiser en public dans les contradictions de son deuil !

C'était compter sans les ruses du diable. Après tout, lui a susurré le Malin, puisque ces conférences en Norvège promettaient d'être très correctement rémunérées, il devrait peut-être s'asseoir sur sa politiquement très correcte posture littéraire et encaisser cet argent.

S'en sont suivies les misérables coquetteries du débat intérieur : serait-il en train de devenir vénal ? Ses beaux principes céderaient-ils aux sirènes de la com, quitte à utiliser son fils ?

Les bonnes résolutions du papa en deuil ont tenu bon quelques jours. Mais le Tentateur est revenu à la charge avec des considérations efficaces pour ses côtés curé. Il a soufflé au papa qu'au fond, il esquivait ses contradictions intimes de père et d'écrivain. Ne serait-il pas temps de cesser de se planquer et d'oser enfin parler à la première personne du singulier ?

Le Séducteur devenu moraliste avait trouvé un bon angle d'attaque. Le papa a succombé. Pour ne pas se sentir trop merdeux, il a tout de même mis une condition à la tournée qu'on lui proposait : il parlerait en public de son livre, de son fils et de son deuil mais en empruntant la distance rhétorique d'une langue étrangère – l'anglais en l'occurrence. Ça lui permettrait d'introduire un écart entre les mots qui sortiraient de sa bouche et ceux de ses écrits ! Les organisateurs ont accepté sa curieuse demande sans soupçonner que cet auteur déjà vieux ne se rappelait plus de l'anglais que ce que l'on enseignait en France dans les années cinquante, c'est-à-dire le vocabulaire et la syntaxe d'une langue morte à l'égal du latin ou du grec.

« Why do I never say "Je" when I talk in French about the death of my son or my mourning[1]? »

1. « Pourquoi est-ce que je ne dis jamais "je" quand je parle en français de la mort de mon fils ou de mon deuil ? »

a-t-il tenté de dire lors de sa première rencontre publique à Stavanger. Son accent était tellement épouvantable qu'il prêtait à rire. Après avoir cherché à se cacher un quart d'heure durant derrière son minable masque linguistique, il a dû renoncer : nul ne le comprenait dans la salle. Il était incapable de tenir une véritable conférence en anglais.

Comme il était impossible d'annuler, il a dû demander à Gøril, la traductrice de son livre, de bien vouloir devenir aussi son interprète : il parlerait en français, toutes prétentions morale et littéraire bues, et elle traduirait pour l'auditoire norvégien.

Mais en revenant au français, le papa s'exposait à tenir le propos sans masque qu'il ne pouvait oser qu'en anglais. Raconter sans filtre sa douleur de papa, revivre l'agonie de son fils, décrire l'hôpital, le crématorium ou le cimetière de Ploaré ? Peut-être que l'aventure d'une parole filtrée par une langue étrangère aurait été jouable, peut-être que l'anglais aurait dissipé ses inhibitions d'auteur endeuillé, mais là, en français, non, plus rien de ce qui l'avait traversé tandis qu'il écrivait ne pourrait venir à sa bouche, ni les mots, ni le sens et encore moins l'esprit de son livre.

Alors, et puisqu'il fallait tout de même faire une conférence – une cinquantaine de personnes s'étaient rendues à la bibliothèque de Stavanger pour le rencontrer – le papa a parlé non de la mort mais des coïncidences après la mort. Il a raconté le lion dans le lac, la chanson de Björk, l'éruption de l'Eyjafjallajökull, les spectacles, les impros… Ça oui, il pouvait s'y attarder.

Il a insisté sur les parallélismes entre l'art, l'amour et la mort. Les coups de foudre amoureux comme la disparition d'un être chéri permettent parfois d'accéder au pouvoir sensoriel extralucide auquel les artistes parviennent au prix d'une ascèse longue et exigeante. Poètes, musiciens, comédiens, danseurs, peintres, etc., tous travaillent comme des fous avant d'accéder au niveau exceptionnel de perceptions et d'expression qui doit être le leur. Chaque jour, ils s'entraînent à écouter, à jouer, à écrire. Alors que semblable force visionnaire peut survenir sans prévenir avec l'amour et la mort, au paroxysme d'une douleur folle ou d'une passion non moins folle.

« Au lendemain de la mort de Lion, a-t-il dit à l'auditoire, *nos perceptions de papa et de maman se sont retrouvées exacerbées. Quoi que nous ressentions,*

nous le ressentions à la puissance mille. Notre chance, si l'on peut parler de chance en de telles circonstances, c'est l'entraînement intensif que nous suivions tous les jours grâce au théâtre et à la musique ! Du coup, nous étions non seulement capables d'accueillir ces perceptions extrêmes, mais aussi d'aller au-devant d'elles et de... »

Arrivé là, le papa a hésité. Et puis il a lâché, au risque de choquer :

« *... et même de les savourer – oui de les savourer ! Nous nous sommes drogués aux coïncidences !* »

Pour ne pas se laisser déborder par les confidences, le papa a généralisé : « *À force de jouer avec des perceptions extrêmes qui étaient les nôtres, à force de faire semblant de faire semblant comme disait Marivaux, nous avons travaillé à la production de sens. Nous avons fait en sorte que chaque joie dans notre deuil soit du vrai. Il en est allé avec elles comme avec les réalités de théâtre : nos visions, nos jeux, nos impros et autres dingueries, c'étaient aussi des réalités. Oh, presque-rien, comme aurait dit Vladimir Jankélévitch, mais un presque-rien énorme.* »

Pour calmer le jeu et s'éloigner de ses bricolages théoriques, le papa a aussi plaisanté : « *Vous ne trouvez pas que se droguer aux joies des coïncidences, c'est mieux que se droguer aux larmes du deuil ?* »

Il allait continuer : « ... *Tout cela nous a aidés à...* » quand il s'est interrompu.

Panne.

Ça les avait aidés à quoi, en fait ?

À vivre quand même, a-t-il pensé sans oser le dire tant était grand le gouffre de questions qui s'ouvrait sous ses pas de papa francophone.

Angoisse.

Il s'est alors tourné vers Gøril et lui a fait signe que non, il ne pourrait pas aller plus loin.

Fin de la conférence.

Ce soir-là, tandis que le papa rentrait vers son hôtel, lui restait en mémoire obsédante le cul-de-sac où il s'était retrouvé à la fin de la conférence. Curieusement, ça lui revenait en anglais, bien mieux qu'il n'était arrivé à parler cette langue tout à l'heure : « *What if that was our life drive...?* »

Our life drive, notre pulsion de vie...

Et si en effet les hasards, les visions, les coïncidences, les rencontres, les impros et autres illusions dont la maman et lui se nourrissaient ne leur venaient que d'une basique pulsion de vie ?

Ni romantisme, ni deuil ineffable, ni force de l'art, ni grandeur d'âme, rien que du pur instinct.

Au cours d'une de ces conférences qu'il a faites en Norvège, une auditrice a demandé au papa :

— *And Lion's mother? Why didn't you talk about her ?*

Pourquoi avait-il si peu parlé de la maman de Lion ? Bonne question.

Il avait commencé par répondre :

— *I forbid myself to speak in her place.*

Je m'interdis de parler à sa place.

C'était intime, ça.

— *Each variety of pain is so singular... !*

Chacune de nos douleurs est tellement singulière...

Comment en dire plus sans s'étaler ?

Il avait curieusement ajouté en français :

— *Pardon...*

Pardon à qui ? Au public ? À la maman ?

Il était soudain au bord des larmes.

L'auditoire qui devinait son embarras allait se résigner à ne pas en savoir plus quand le papa a emprunté un autre chemin de parole. Il a fredonné dans l'improbable russe de la maman :

Bébouchka, bébouchka, bébouchka maïa
Maïouchka, maïouchka

La musique ne veut rien dire mais elle peut parler vrai. Grâce à ces mots dénués de sens et grâce à la ritournelle que la maman avait bricolée pour leur bébé, le papa parlait enfin sans masque.

VIII

Quelques années plus tard, une troupe de théâtre musical est venue présenter un opéra de Benjamin Britten, *The Curlew River*, dans une abbaye proche d'Arles. C'était un rendez-vous que les parents ne risquaient pas de manquer même si le papa n'avait jamais mis en scène cette œuvre de Britten où un enfant mort apparaît ici aussi tel un miracle, et même si la maman ne l'avait jamais chantée – et pour cause, *The Curlew River* ne fait pas appel à une voix de soprano.

On se souvient que le papa avait mis en scène *Sumidagawa* en 2007, l'opéra que Susumu Yoshida venait de composer à partir d'un nô de Motomasa, celui-là même qui avait inspiré Benjamin Britten quarante-trois ans plus tôt. On se souvient également qu'en 2007, pendant les répétitions puis la tournée de cette version japonaise du nô où on ne s'enlise jamais dans un débat sur la vie éternelle, le papa avait couru à la folle poursuite d'ombres et de fantômes, ceux d'Umewakamaru et de Lion, son fils.

Dans *The Curlew River,* Benjamin Britten donne une interprétation très chrétienne du nô japonais. L'apparition d'Umewakamaru – l'enfant mort qu'il a rebaptisé *l'Esprit* – est traitée là comme un miracle. Même si le papa et la maman étaient très loin des certitudes religieuses de Britten, la programmation de *The Curlew River* tout près de chez eux les appelait irrésistiblement. Lion était mort, il n'y aurait pas de miracle, leur enfant ne ressusciterait jamais, mais l'œuvre de Britten restait importante à leurs oreilles de musiciens comme à leur cœur de parents en deuil.

Merveille, les parents sont sortis bouleversés de cette représentation. Assis serrés l'un contre l'autre sur l'étroite margelle qui borde le cloître et son promenoir, ils ont longuement attendu les artistes pour les féliciter. À l'angle du pilier auquel ils étaient adossés, un saint Pierre taillé dans la masse bénissait les pèlerins tout en piétinant un diable.

Ces parents, c'étaient aussi des pèlerins à leur façon, des voyageurs en quête non de Dieu mais de signes. Leur Lion ne s'était pas manifesté au cours du spectacle, mais la musique et la mise en scène avaient été si fortes qu'ils ne voulaient pas quitter l'abbaye sans avoir remercié les artistes.

Quand ces derniers étaient enfin sortis de la grande nef, ils s'étaient levés à leur passage. Force du lieu, effet persistant de l'œuvre qu'ils venaient d'entendre, ils ne pouvaient battre des mains, – c'eût été incongru tant le caractère sacré du cloître appelait au silence et à la retenue. Alors ils ont fait comme en Inde, ils ont joint leurs deux mains sous le menton et ont incliné la tête.

Les instrumentistes étaient passés les premiers – ils n'avaient pas à se démaquiller, eux. Sont sortis, peu après, les huit choristes avec, chacun à la main, le petit bouquet de fleurs que la production avait fait déposer dans leurs loges. Quand sont arrivés les solistes, la maman a aidé le papa à les identifier malgré sa misérable cécité faciale : *« Ce barbu, c'est le Passeur. Ces deux hommes, le Voyageur en compagnie de l'Abbé. »* Est arrivé en dernier, facile à reconnaître, la Maman folle – arrivé *é*, sans *e* muet : Benjamin Britten a confié ce personnage féminin à un ténor. Prestige de premier rôle oblige, son bouquet de fleurs était plus volumineux que celui des autres chanteurs.

Tennis aux pieds, AirPods vissés dans les oreilles et sweater gris à capuche rabattue sur la tête, le garçon qui avait chanté le rôle de l'enfant mort est sorti en dernier. Un pré-ado à la démarche pataude, rien à voir avec l'Esprit à la voix cristalline qui venait de bouleverser le public. La mise en scène l'avait placé au milieu de l'auditoire – à tout juste deux rangs devant le papa et la maman. L'effet avait été saisissant. Les parents avaient beau connaître la partition de Britten, et savoir à la mesure près quand devrait chanter l'enfant mort, le choc avait été énorme quand sa voix céleste avait surgi quelques mètres à peine devant eux pour se joindre au chœur des moines avec les mots du bréviaire, *Sanctae sit Triadi laus pia jugiter, Rendons à jamais louange à la Sainte Trinité*… L'enfant mort était ressuscité, la tête blonde du *treble*[1] descendait du Ciel tandis que le chœur célébrait la Puissance éternelle de Dieu, *Cujus perpetuo numine*… Même athées, même à mille lieues de croire en la résurrection des morts, la maman, le papa et leur inépuisable crédulité en la scène musicale et ses miracles, ont chanté *Amen* éperdus. Amen, *qu'il en soit ainsi* !

Le diable de ces parents en deuil, celui que la statue de saint Pierre foulait de ses pieds derrière eux, c'est cette propension qu'ils avaient de céder à chaque tentation du sens.

Quand est sorti de l'église le petit garçon qui sur scène venait de leur parler si fort en musique, le papa s'est instinctivement levé. *Bravo, merci merci*, il bredouillait – les mots, c'est si peu de chose après la musique ! D'un geste qui lui a complètement échappé, ses deux mains ont adressé un fervent baiser à l'enfant. Les larmes et le regard de ce vieux fou étaient effrayants. Le petit garçon a vivement reculé d'un pas et s'est serré contre son accompagnateur. Tout en rassérénant l'enfant d'une pression de la main sur son épaule, l'adulte a pressé le mouvement :

---

1. *Treble* : on nomme ainsi en Angleterre ces prodigieuses voix de garçon avant la mue.

« Sorry, the bus is waiting for us… ! » a-t-il vaguement remercié.

Les parents sont longtemps restés plantés dans l'obscurité du cloître à caresser des yeux l'ombre de l'enfant qui s'éloignait, douce, fragile et tempétueuse comme un fils.

Une fois rentrés à la maison, ils ont lu sur le programme du spectacle les noms des interprètes. Le garçon qui incarnait l'Esprit se prénommait Léo.

La saison des coïncidences avait repris.

Quelques mois plus tard, une nouvelle relance des coïncidences leur est venue quand Geneviève est passée prendre un café chez eux. Elle était accompagnée de Lukas, son petit-fils. Lorsque la maman a ouvert la porte de sa maison arlésienne, un magnifique bouquet de tournesols lui a sauté au visage, une brassée de fleurs et de lumière brandie haut par le jeune Lukas.

Joie de se voir, joie de la surprise, joie de s'étreindre.

Et puis, ces tournesols ! À leur vue, des larmes ont perlé aux yeux de la maman. Des larmes ? Geneviève s'est étonnée. Elles excédaient la situation. Et le *« Bingo ! »* lancé tout de suite après les larmes, qu'était-ce à dire ? *« Rien… »* a répondu la maman avant de se reprendre : *« Enfin si, beaucoup… Je te raconterai, promis. Mais pas maintenant. »* Il fallait d'abord se retrouver.

Les deux femmes et l'enfant sont allés sur la terrasse pour profiter de la douceur du jour. La maman a préparé un café pour elles deux, un jus d'orange pour Lukas à qui elle a aussi donné à lire des BD. Les deux femmes ont commencé par se raconter la vie – les bonheurs et les soucis. Elles ont pris des nouvelles des uns et des autres, des familles, des petits-enfants, des amis, de ceux qui vont bien et de ceux qui ne vont pas bien – à l'âge qu'elles ont maintenant, ils sont de plus en plus nombreux. Elles en sont aussi venues forcément aux nouvelles du monde qui, lui, ne va pas bien du tout – Trump, Poutine, le Hamas, les terroristes, les populistes et les dictateurs qui prolifèrent… *Les bombes se rapprochent*, radote le papa.

Un moment plus tard, la maman a profité de ce que le petit Lukas avait filé à l'étage devant un ordinateur quelconque, pour raconter à Geneviève : *« Les larmes de tout à l'heure, à votre arrivée, ce n'était pas de la tristesse, c'était de l'émotion… Les tournesols que tu nous as apportés… La coïncidence était tellement folle ! »* Geneviève ne comprend pas : *« Quelle coïncidence ? »* La maman : *« Hier soir, notre amie Carolyn dansait au*

Méjan. Nous avons dîné avec elle après le spectacle – on avait tant de choses à se raconter ! Forcément, nous avons évoqué la vidéo où l'on voit Aleksi son fils et Lion, notre fils, dessiner ensemble sur une grande scène le cercle de tournesols au centre duquel Carolyn allait danser. Ces tournesols, nous les évoquions avec notre amie danseuse il y a quelques heures à peine et voilà que, ce matin, Geneviève, tu débarques chez nous avec une autre brassée de tournesols ! Tu comprends que j'aie eu le souffle coupé devant pareille coïncidence ? »

L'une des plus fortes émotions du deuil des parents leur était venue avec le poème d'une tendresse infinie que, tout de suite après la mort de Lion, Carolyn leur avait envoyé, calligraphié sur une fragile feuille de papier végétal rouge et accompagné d'une cassette VHS qui datait du début des années 1990, quand Lion avait à peine dix ans.

Les parents ignoraient jusqu'alors l'existence de cette vidéo. Du week-end qu'il avait passé avec son copain Aleksi et sa maman, Lion ne leur avait rapporté que le souvenir d'un formidable repas au restaurant avec, au menu, des escargots ! Ce n'est donc qu'à la lecture de la VHS, onze ans après son tournage, que le papa et la maman bouleversés avaient découvert leur petit garçon d'alors déposant pas à pas sur la scène d'un gala de danse les fleurs de tournesol qui allaient dessiner le cercle où Carolyn improviserait un rituel à la mémoire d'un artiste célèbre.

Une scène de théâtre immense et deux petits garçons en culotte courte – Aleksi et Lion – avec dans leurs bras fervents et appliqués deux gerbes de tournesols presque aussi grands qu'eux : les parents avaient sangloté à cette vue.

Pleurs de joie stupéfaite à la vue de Lion vivant à l'écran, en plus un Lion sur scène tel qu'ils ne l'avaient jamais connu ! Pleurs au souvenir de leur Lion quand l'ado pataud perçait sous l'enfant qu'il était encore.

Le papa et la maman allaient désormais souvent passer et repasser le film de ce spectacle sur leur lecteur vidéo. Marche avant et puis marche arrière, et encore *forward* et à nouveau *rewind*. Comment se lasser ? *Mon fils, mon fils, mon fils*, les marmonnages du papa-en-deuil reprenaient quand Lion apparaissait à l'écran tandis que le papa-metteur-en-scène s'émerveillait de ce spectacle quasi-cérémonie.

Visionner et revisionner ce rituel est devenu à son tour rituel récurrent pour les orphelins à l'envers que sont ces parents en deuil et que la langue française ne sait pas nommer, *Takal* comme on les appelle chez les Hébreux – ceux dont on a coupé les bourgeons –, *Shakoul*, chez les Arabes – l'ourse à qui on a pris les petits.

En France, les parents orphelins sont des oubliés de la sémantique comme disent Mohamed et Delphine.

La maman à Geneviève : *« Tu comprends pourquoi j'ai eu les larmes aux yeux ce matin à la vue de ta gerbe de tournesols ? »*

C'était un incroyable télescopage, en effet.

Mais pourquoi le *« Bingo ! »* de la maman après les larmes ?

Bingo ?

C'est un jeu auquel les parents s'étaient livrés en Islande voici des années en compagnie des enfants d'Irma. *« Bingo ! »* criaient-ils en chœur à chaque passage d'une des barrières canadiennes qui scandent les routes du pays pour encadrer la divagation des moutons.

« Bingo ! », ça leur est resté. À chaque surprise, à chaque coïncidence, les parents s'écrient *« Bingoooo ! »*.

Alors, évidemment, *« Bingo ! »* pour les tournesols.

Un ouragan de coïncidences s'est déchaîné pendant l'été 2021, quand la forêt de signes où ces parents se jettent à tous les coups s'est enrichie d'une nouvelle rencontre majeure autour du fondateur de leur cosmogonie, l'Eyjafjallajökull, ce volcan où ils avaient dispersé les cendres de leur fils dix-sept ans plus tôt.

Depuis la mort de Lion, la destination préférée des parents, c'était évidemment l'Islande. Entre soucis d'argent, rêve d'économie collaborative et attachement devenu viscéral à ce pays et à ses habitants, ils y allaient de préférence dans le cadre d'un échange de maisons. En juillet 2021, ils ont organisé cet échange avec un couple de Reykjavik. La transaction s'est entièrement organisée par mail, depuis les premiers contacts jusqu'au contrat final qui fut rédigé électroniquement – rien que des procédures normales entre voyageurs qui ne se connaissent pas mais qui se font raisonnablement confiance sans même avoir besoin de se parler par téléphone.

Chacun des deux couples a trouvé à son arrivée au domicile de l'autre messages de bienvenue, vin, gâteaux, conseils, guides et autres menues attentions destinées à ce que, même si l'on ne se connaît pas, on puisse vivre cet échange comme entre amis.

Une des premières choses que le papa et la maman ont vues en découvrant leur domicile de vacances islandaises ce fut, accroché au mur en face de la porte d'entrée, un grand tableau représentant la magnifique rencontre d'une femme nue avec le symbole de la sagesse, un hibou – la fiche contact d'Intervac les avait prévenus : Aðalsteinn, leur hôte, était graphiste. Elle leur avait aussi signalé qu'il faisait de la musique – et en effet, deux guitares étaient posées dans un coin de la salle de séjour.

Le même jour et à trois mille kilomètres de là, quand Aðalsteinn et Signy ont ouvert la maison arlésienne des parents, ils sont tombés d'abord sur le piano où le papa et la maman ont passé tant d'heures de leur vie, puis sur les cadeaux de bienvenue qu'ils avaient posés sur la table à leur intention – une bouteille de rosé, des calissons d'Aix-en-Provence et la traduction anglaise d'un des livres du papa, *Le Fils*.

Le couple d'Islandais a visité la Provence pendant que le papa et la maman sillonnaient le sud de l'Islande en compagnie de Nicole, Yves et de leur petit-fils Edgar – rebaptisé pour l'occasion Eðgarur Hectorson. Bien évidemment, le papa et la maman se sont rendus en pèlerinage sur les flancs de l'Eyjafjallajökull – il y a tant de forces vives qui sourdent de ce volcan qui ne cesse de leur faire signe depuis 2004 ! Aussi dévastés que soient devenus les environs du volcan après son éruption de 2010 et même sans lac ni lion entre deux eaux, le cratère qui avait accueilli les cendres du fils est resté un repère essentiel pour les parents, une balise fondatrice dans l'histoire de leur deuil, plus importante encore que le cimetière de Ploaré à Douarnenez. Chaque fois qu'ils sont allés en Islande, ils sont retournés là, toujours en compagnie d'amis très proches – Marie-Hélène, Giloup, Jonina, Irma. Cette année, ils y sont donc allés avec Nicole, Eðgarur et Yves.

Émotions qu'ils aiment partager au pied de ce volcan où ont pris source tant d'élans de leur vie.

Plaisir de raconter *in situ* aux amis le lion dans le lac et l'éruption de l'Eyjafjallajökull – cette invraisemblable accumulation de hasards et de coïncidences qui avaient entouré la dispersion des cendres de Lion.

Fierté, – dérisoire assurément, mais comment ne pas la leur pardonner ? –, fierté d'avoir frôlé là de grands mystères.

Ivresse de charabiater sur le vivant, ses proliférations et ses mystérieuses résonances.

Ce soir-là, une fois rentrés grisés à la fois de tristesse et de joie par leur pèlerinage à l'ombre de leur fils, les parents ont reçu un mail de Signy et Aðalsteinn : ce même jour, à trois mille kilomètres de là, leurs correspondants islandais venaient de lire la version anglaise du *Fils* et ils leur écrivaient qu'ils sortaient bouleversés à la lecture de ce livre qui, disaient-ils, *« traite de l'impensable – la mort de son enfant. Un livre qui pourtant ne parle pas tant de la mort que de la vie »*. Ils ajoutaient qu'Aðalsteinn avait réalisé en 2012 la maquette d'un livre de photos sur… l'Eyjafjallajökull ! La coïncidence n'était-elle pas extraordinaire ?

Vertige des parents à la réception de ce message : oh que oui ! encore une coïncidence ! Lion et l'Islande venaient de nouer un lien magique entre ces deux couples qui jusque-là ne se connaissaient que par mail !

Le papa et la maman ont dansé, pleuré, ri de joie à cette chaîne qui se tissait une fois de plus à l'abri de l'inépuisable volcan.

« Merci, merci ! », les textos ont crépité ce soir-là entre l'Islande et la Provence.

Une autre des mille grâces qui entourent les parents depuis la mort de Lion allait ensuite leur venir de Signy et Aðalsteinn quand leurs amis inconnus, troublés d'apprendre que ce livre qui avait déjà été traduit en dix-sept langues n'avait pas encore été publié en Islande où se déroule pourtant sa dernière partie, l'ont fait connaître à Jakob et à *« one of our best translators from French, Friðrik Rafnsson*[1] *»* comme ils leur ont écrit.

En mai 2024, le miracle s'est accompli et *Sonurinn*[2] a été publié par Ugla, une grande maison d'édition islandaise.

---

1. « un de nos meilleurs traducteurs du français vers l'islandais, Friðrik Rafnsson ».

2. Michel Rostain, *Sonurinn*, Reykjavik, Ugla útgáfa ehf, 2024.

En octobre 2023, au moment précis où le papa écrivait les dernières pages de la célébration des coïncidences qui avaient scandé son deuil, Karen a téléphoné au papa pour lui demander un texte sur son deuil.

Encore une coïncidence, une coïncidence au carré, un autre de ces hasards où la raison chavire !

On se souvient que, lorsque Karen et le papa avaient travaillé ensemble sur l'opéra nô de Yoshida[1], ils avaient expérimenté tous les deux sur scène la présence stupéfiante du surnaturel. Aujourd'hui, avec l'appel de Karen, se réveillaient seize ans plus tard les mêmes et folles longueurs d'ondes de l'impossible. Cette fois

1. Cf. p. 66.

ce n'était plus à l'abri des magies du théâtre : l'appel de Karen survenait dans le quotidien de la vie !

La culture du papa s'opposait sincèrement à ce qu'il s'éloigne de la raison. Mais que survienne un hasard tel que l'appel de Karen et aussitôt le reprenaient ses misérables compulsions à tenter de rendre compréhensible l'incompréhensible et de concilier l'inconciliable.

Une *« transcendance immanente »* : quand il était étudiant en philo, il avait piqué au vol cette expression dans il ne sait plus quel amphi – chez Jankélévitch ? chez un autre penseur ? honte sur lui, il n'est jamais allé vérifier ses sources en bibliothèque ! Une transcendance qui n'aurait rien d'illusionné ni de merveilleux, une transcendance qui n'existerait pas tant qu'on ne l'aurait pas créée.

Ce papa débloquait parfois comme ça, en voulant à toute force donner sens aux hasards.

Devait-il écrire un nouveau texte sur la mort et le deuil pour répondre à la demande de Karen ? Non, ce n'était plus le moment pour lui. Il l'avait fait quinze ans plus tôt, quand l'Orchestre national de Bretagne le lui avait demandé à l'occasion d'un concert de son quatuor à cordes avec au programme les *Sept Dernières Paroles du Christ en croix* de Joseph Haydn. S'il lui restait quelque chose à écrire, ce n'était plus sur l'agonie ni la mort, a-t-il donc dit à Karen. S'il envisageait tout de même de commencer son nouveau livre par un rappel de ses douleurs[1], ce ne serait que parce qu'au début de tout, il y avait eu la mort de son fils. Mais l'essentiel de ce qu'il lui restait à formuler maintenant ne pourrait plus porter sur la douleur. Il ne pouvait plus désormais que chanter, entre éblouissement et incompréhension, son émerveillement, devant les joies qu'avait quand même connues son deuil.

Le papa n'a pas raconté de salades à Karen. Il ne lui a pas dit qu'il ne pensait jamais à Lion et à sa mort. Il lui a même avoué qu'une bouffée de larmes l'interrompait encore chaque fois qu'il croyait possible de raconter à un ami intime la dernière nuit de Lion à la maison, la matinée affolée devant les symptômes inconnus de la méningite foudroyante, la panique aux urgences

1. Cf. p. 11.

de l'hôpital, l'agonie et puis la mort. Non, il n'y arrivait pas. Jamais il n'avait pu aller au bout de ce récit. La cicatrice qu'il croyait ancienne restait vive.

Mais, a-t-il demandé à Karen, devait-il s'embourber dans cette part douloureuse qui restait lovée au fond de lui ? Ne lui fallait-il pas plutôt accueillir les élans, les jeux et les éblouissements qu'avec la maman ils avaient trouvé le moyen de vivre malgré le deuil ? N'était-ce pas merveille qu'aient pu naître tant de *joies quand même*, tant de *forces de vie quand même* ?

Et si la vie, et si le vrai, c'étaient aussi des choix à faire ?

Le papa en deuil a répondu à Karen avec ce genre de questions.

Un papa profondément, réellement en deuil, et pourtant pas plus que ça.

IX

Longtemps, la mort de Lion est restée douloureux anniversaire et le 25 octobre jour chômé pour les parents. Tant qu'ils ont habité Douarnenez, ils n'ont jamais travaillé ce jour-là, quitte même à annuler une répétition. C'était un jour spécial, impossible à vivre autrement. Ni rendez-vous donc, ni courses ni tâches domestiques, ni voiture à conduire, ni texte à écrire, ni spectacle à préparer, ni partition à travailler.

Ils se rendaient sur la tombe de Lion au cimetière de Ploaré. Pas vraiment un devoir, mais un besoin – sans bien savoir lequel. Une évidence aussi. Lion était mort, il n'était plus nulle part, pas même dans cette tombe – une poignée de cendres, ce n'est pas de l'être, n'est-ce pas ? –, mais il leur fallait quand même aller au cimetière. Arrivés là, ils accomplissaient les tâches auxquelles se plient tous les endeuillés – s'arrêter à la fontaine, remplir d'eau deux ou trois bouteilles de plastique et arroser les pots de plantes grasses qu'ils avaient posés au bord de la tombe. Ils déplaçaient chaque fois quelques-uns des cailloux que, tournée après tournée, ils avaient rapportés pour la sépulture du fils. Rien de mieux au total que des gestes de deuil un peu rabougris. Ils ne versaient pas de larmes – quoi pleurer encore ? Ils n'avaient pas non plus de mots – quoi dire ? Juste les traversait la pensée de la mort – celle du fils bien sûr, mais aussi la leur. Et la nôtre à tous.

Ce n'est pas rien, finalement.

Lors d'un de leurs passages au cimetière de Ploaré, ils ont découvert trois fleurs sauvages qui avaient pris racine entre les pierres et le grès de la tombe. Ils ont pris cette communion du végétal et du minéral comme un signe : le charme venu là, c'était leur ange ont-ils évidemment imaginé. Ils se sont regardés en frissonnant. Dix secondes à se faire des émotions. Et puis comme, n'est-ce pas, les anges, ça n'existe pas, ils ont repris main dans la main leur promenade à travers les chemins creux des Plomarc'h jusqu'au quai du Rosmeur et puis le « mur de la honte » où se retrouvent les pêcheurs de maquereaux. Ce 25 octobre-là, après avoir pris ce grand bol d'air et de fils, la balade des parents s'est achevée au bistro de la Rade, histoire de retrouver les copains et de boire un coup.

Une fois installés à Arles et la retraite venue, l'anniversaire de la mort de leur fils est resté bien sûr jour particulier, mais sans cimetière de Ploaré à visiter ni répétition à annuler. Sous le ciel de Camargue, l'urgence intérieure s'estompait en même temps que les conditions bretonnes où elle était née. Les parents marquaient le coup, mais sans rituel maintenant. Une fois avec une balade un peu plus longue que d'habitude le long des digues du Rhône jusqu'à Beaucaire. Une autre, dans un cimetière arlésien, pour le plaisir – si l'on peut parler ainsi – d'une déambulation affectueuse parmi les tombes, celles en particulier d'Antoine aux parents tant aimés, de Lulu avec sa déco kitch ou encore d'un inconnu oublié de tous vu l'état particulièrement délabré de son monument funéraire. Plusieurs fois ils se sont payé un bon restaurant en Camargue avec pour prétexte à la dépense que leur Lion était une fine gueule (là, il avait bon dos, leur petit devenu prétexte à grande bouffe…).

Le 24 octobre dernier, veille de l'anniversaire de la mort de Lion, les parents ont vu par hasard à la télé un documentaire sur *La Noche de los Angelitos*, *La Nuit des petits anges* au Mexique. Une fête pour *angelitos* ? Ni une ni deux, ils ont improvisé le lendemain une cérémonie anniversaire latino.

La maman a revêtu un chemisier blanc, le pantalon bleu nuit de madame Lagadec[1] et, par dessus, le manteau noir Yamamoto qu'ils avaient acheté en juillet 1981 à Aix-en-Provence. Pourquoi celui-là précisément ? Parce qu'ils l'avaient trouvé le jour béni où ils allaient concevoir Lion (si ce ne fut pas ce jour-là, ce fut le lendemain à Avignon – ils couraient alors d'un festival à l'autre et faisaient l'amour comme les fous d'amour qu'ils étaient).

Pour le papa, côté fringues, ce fut plus dur à choisir – en quarante ans il avait pris du bide. Ni pantalon ni chemise d'antan donc, mais du rouge brique et du blanc à rayures comme il en portait sur une photo de l'époque.

Pour ce rituel devenu fête, rien du noir endeuillé des aïeux.

1. Cf. p. 30.

Ce matin du 25 octobre, ils ont tendu le long de la façade de leur maison les guirlandes de Noël qu'ils n'avaient plus sorties de leur carton depuis la mort du fils (ils ne les avaient pas non plus jetées, impossible de se défaire de ces bribes d'enfance).

Sur un coin de la table, ils ont dressé un autel avec une photo de Lion quand il avait deux ans – la photo du blondinet en salopette rouge que la maman a choisie pour écran d'accueil sur son iPhone. À côté, ils ont allumé une bougie blanche. Ils ont posé sur un napperon, blanc lui aussi, trois verres anciens – un pour la maman, un pour le papa et un pour leur mort –, trois grandes serviettes blanches et trois assiettes en porcelaine blanche – du blanc rien que du blanc sur cette table de fête, comme le blanc qu'on réserve aux enfants quand ils meurent innocents et purs, du blanc comme le deuil en Afrique où la maman a passé son enfance, oui du blanc, quitte à barboter dans les symboles et les chromos, y compris la lumière de Dieu et de ses anges. (Ils ont quand même fait exception pour le jaune du beurre salé qu'en bon Breton devenu, Lion n'aurait pas manqué d'ajouter.)

Ils ont mis au menu de la fête des tournedos Rossini puisque, lorsqu'il était lycéen, Lion leur en avait fait la surprise. Sa recette ? Trois tranches de foie gras, plus trois lamelles de truffe pour trois tournedos bien épais, trois tranches de pain d'épices, un fond de veau, une bouteille de banyuls pour le déglaçage, du poivre, du sel, de l'huile de pépins de raisin, et surtout le tour de main que le fils leur avait appris – les tournedos Rossini, ça se cuit au dernier moment et en quelques minutes à peine.

Les parents ont évidemment mis une bouteille de champagne au frigo – pas question de mégoter.

Exactement comme on fait au Mexique selon le documentaire qui les a inspirés, ils ont aussi mis sur la table le petit déjeuner du lendemain matin – pain grillé et chèvre chaud comme l'ado s'en mitonnait souvent ; et même le goûter du fils quand il était pré-ado – pâtes de coing et biscuits style Chocos BN comme il aimait s'en gaver au retour de l'école.

Sur une playlist, ils ont mis Radiohead, Björk, Portishead, Tom Waits, et Queen – les tubes que Lion écoutait en boucle dans sa chambre (pour Noir Désir et Cantat, ce n'était pas possible).

Cette année, leur célébration à leur *angelito* a pris le tour d'une fête. Elle a commencé par un toast de la maman à son *« damour »*, *damour* comme elle murmurait tendrement et sans apostrophe à l'oreille du bébé, *damour* comme histoire d'amour, *damour* comme un poème, *damour* comme l'ardente flamme, *damour* comme je meurs d'amour pour toi mon *damour* toujours.

Puis ils ont dansé tous les trois – eux deux plus Lion, comme quand il était petit et se faufilait entre papa et maman et faisait, disait-il, *la tranche de jambon.*

Danser avec son mort, ce n'est pas triste. Au contraire.

Ravissement et même, à certains moments, enthousiasme – à deux doigts des dieux.

Ivresse d'aimer.

Joie jusqu'au vertige.

À en croire que... ?

Non, ils ne croyaient pas que l'âme de leur Lion flottait là, entre eux deux. Ils ne se consolaient pas avec l'illusion de sa présence.

Avec quoi s'enivraient-ils donc alors ?

Avec quelque chose comme l'approximatif *encore* du papa. *Ad hanc horam.* Du tout à fait mort, du tout à fait passé mais du quand même vivant si on sait le vouloir.

Du charabia de parents en deuil, quoi !

Remerciements

De nombreuses coïncidences accompagnées d'incroyables joies étaient venues à plusieurs reprises me surprendre tandis que j'écrivais *Le Fils* voici quinze ans. Deuil et joie : il semble impossible que ces deux mots puissent cohabiter dans une même phrase. Et pourtant, de mystérieuses joies ont réellement trouvé le moyen de se faufiler dans ces pages consacrées au deuil.

J'ai alors vainement tenté de donner une forme littéraire à mon « désarroi émerveillé » devant cette incongruité. À la longue, s'est même infiltré en moi l'idée que ce nouveau livre que je ne voulais pas autobiographique ne verrait jamais le jour. Formidable soutien, aussi généreux qu'avisé, mon éditeur, Philippe Robinet, m'a encouragé à laisser murir la question.

Récemment, une petite musique intérieure est enfin venue relancer l'écriture de ce nouveau livre. Elle chantonnait : *« Le papa m'a dit que… »*.

À la fin des années 2000, un bout de chanson comme celle-là avait donné son élan à l'impossible écriture du *Fils*. C'était alors : *« Dis papa, pourquoi tu pleures ? »* Le miracle d'une ritournelle, son rythme, ses sonorités et sa mystérieuse évidence, venait de me donner la voix du fils.

« Le papa m'a dit que… ». Un papa d'encre et de papier s'est mis à chantonner en moi en 2023. Entre fiction et récit, entre inexactitudes, inventions et souvenirs plus ou moins certains, la joie avait enfin trouvé sa bonne place par delà le deuil. *La Joie malgré* est née de cet élan.

Merci à Jul. Merci pour son amitié, merci à sa générosité et à son talent immenses. Et merci à la merveilleuse coïncidence qui nous a réunis en 2011 autour de François Busnel et de *La Grande Librairie*.

Merci à mon éditrice, Jeanne Grange, pour sa rigueur bienveillante.

Merci à Cécile Rivière, sa collaboratrice, pour sa patience devant mes innombrables corrections jusqu'aux dernières épreuves du livre.

Merci à Philippe Gumplowicz et Yves Lebas, mes frères, merci pour leurs lectures chaleureuses et stimulantes.

Merci à toi, Martine. Merci pour la joie, merci pour nos *joies quand même*, merci pour tout.

Composé et mis en page par PCA, 44400 Rezé

Achevé d'imprimer en février 2025
par CPI BUSSIÈRE (18200 Saint-Amand-Montrond)
pour le compte des Éditions Calmann-Lévy
21, rue du Montparnasse, 75006 Paris
commercial@calmann-levy.fr

PAPIER CERTIFIÉ

CALMANN LÉVY s'engage
pour l'environnement en réduisant
l'empreinte carbone de ses livres.
Celle de cet exemplaire est de :
600 g éq. CO_2
Rendez-vous sur
www.calmann-levy-durable.fr

N° d'éditeur : 7144923/01
N° d'imprimeur : 2082971
Dépôt légal : mars 2025
Imprimé en France.